AF245384

LETTRES

D'EMMANUEL HALLER,

CI-DEVANT

Administrateur général des subsistances de l'armée Française d'Italie à Nice,

Aux Représentans du Peuple et au Comité de salut public,

Avec des notes explicatives.

———

1794.

HALLER,

Aux Repréſentants du Peuple auprès de l'armée d'Italie.

Génes le 15 thermidor l'an 2.

Vous m'avez obligé de me charger de la gestion des subsistances de l'armée. (Nᵒ. 1.)

J'ai justifié votre confiance, et certes ce n'étoit pas chose facile, si vous voulez vous rappeller les circonstances d'alors, la médiocrité des moyens qui m'ont été fournis, et tous les genres d'obstacles que j'ai eu à vaincre. (Nᵒ. 2.)

Je n'ai jamais eu la disposition des deniers de la République ; je ne dois qu'un compte moral de ma conduite et de mes opérations. (Nᵒ. 3.)

C'est à vous, représentants du peuple, c'est à l'armée, à toutes les autorités constituées du quartier-général, aux départements du Midi, qui ont suivi mes travaux, à rendre ce compte. Si cependant il existoit un seul doute sur ma probité, un seul reproche sur ma gestion, la République me trouvera ici, ou dans ma patrie, prêt à y répondre, et en état d'y répondre victorieusement. (N°. 4.)

Les magasins de l'armée m'ont été remis vuides; il n'existoit même aucune mesure d'approvisionnement. (N°. 5.) Je les remets pleins de toute nature de vivres. A mon départ de Nice, il y avait encore beaucoup de cargaisons, que l'on ne savait où loger, et depuis mon séjour ici, j'en ai fait passer d'autres.

Pendant que j'usois mes amis, mon crédit et ma santé au service de la chose publique, (N°. 6.) et qu'on leur devait peut-être la tranquillité du midi, ainsi que le moyen des succès de nos armes; on écoutoit à Paris les calomnies atroces que publioit contre moi un certain Héron, auquel je n'ai pas voulu permettre de voler quatre cent mille livres à l'Etat; (N°. 7.)

On provoquoit les plus absurdes dénonciations contre moi, et on empoisonnoit ma pénible carriere par des fréquents avis d'une arrestation prochaine.

On exigeoit de moi de me soumettre aux ordres d'une commission qui ne savoit qu'entraver mes opérations, et qui auroit fait périr le midi, si j'avois respecté ses dispositions, ou si je m'étois reposé sur elle pour la nourriture du peuple. (N°. 8.)

On lance un décret qui me prive de la seule récompense qui pouvoit flatter mon cœur, celle de pouvoir un jour représenter le peuple François; on me rend absolument étranger à cette France que je croyois ma patrie, et que je servois comme ma patrie.

On me méconnoît assez, pour croire que Haller, qui n'a jamais marché sous les ordres d'aucun individu, travaillerait sous ceux d'un agent général, qui, quel que puisse être son mérite, ne pourra faire ce que j'ai fait, et ce qu'il faudra faire dans quatre ou cinq mois. (N°. 9.)

On me fait condamner sans m'entendre, au paiement d'une somme de trois cent mille livres, au lieu de m'allouer cette même somme, qui m'est bien légitimement dûe. (N°. 10.)

On cherche à nihiliser par un décret surpris à la loyauté nationale, une créance que tous les tribunaux, et sept jugements contradictoires ont consacré. (N°. 11.)

Créance qui absorbe les fruits d'un tra

vail de trente années, et une fortune à laquelle les deniers de la République n'ont pas concouru pour une obole. (N°. 12.)

On finit par vendre mes biens; et c'est en me dépouillant de tout, que l'on paie mes services.

Je ne puis ni ne veux les continuer à ce prix, et j'use du bénéfice de l'arrêté du Comité de salut public du 28 frimaire, qui me permet de me retirer dans ma patrie au moment où j'en aurois le desir. (N°. 13.)

Puisse enfin la Convention Nationale, comprendre que la fortune n'a jamais été un crime, lorsqu'elle se trouve dans des mains pures, que l'exil ou la destruction des hommes à talents est souvent une calamité, et que plus d'une fois un homme à grands moyens a sauvé son pays des maux qui n'étoient pas prévus par les autres, et qui ont laissé des plaies bien difficiles à guérir, etc, etc. (N°. 14.)

P. S. J'apprends dans l'instant, que le citoyen St. Mesme me remplacé; que l'ordre de m'arrêter est enfin arrivé à Nice, et qu'il ne manquoit plus que ce dernier trait à la reconnoissance nationale.

Tous les genres de délits me sont si étrangers, que je ne puis me faire une idée de celui dont on m'accuse ; un jour sans doute je le connoîtrai et je pourrai démontrer ou l'absurdité ou la méchanceté de cette accusation. (N°. 15.)

SALUT.

HALLER

Au Comité de salut Public à Paris.

Chiasso le 8 septembre 1794.

J'APPRENDS dans ma retraite, que j'ai été dénoncé à la Convention Nationale pour avoir

1°. Dépensé douze millions en numéraire par mois, pour les vivres de l'armée d'Italie.

2°. Requis toutes les huiles, et d'en avoir exporté beaucoup au détriment des intérêts de la nation.

3°. Agi de même pour la partie des soies, et avoir par cette opération, extrêmement nui aux manufactures.

4°. Acheté du numéraire ; ce qui étoit contrevenir à la loi et faire tort à la monnoie nationale.

A 4

5°. Voulu affamer le midi.

6°. Aliéner la confiance de l'étranger.

7°. Enfin, pour avoir favorisé les pro-jets des Robespierre, en faisant passer pour leur compte, des lingots et des especes dans l'étranger.

Il est difficile de créer des délits plus absurdes et plus faux; j'aime à croire que l'exposition simple des faits que je vais vous faire et dont il vous est facile de vous assu-rer, vous décidera à faire rapporter le décret d'accusation que l'on m'assure avoir été lancé contre moi.

Avant d'entrer dans les détails de cette défense, vous me permettrez de me plain-dre de ce que pareil décret ait pu être accordé à la dénonciation d'un homme qui n'a produit aucune piece ni preuve pour la justifier ; qui d'ailleurs est connu pour avoir constamment trompé la Nation par des rapports et des calculs faux ; je ne parlerai pas de son erreur prodigieuse dans l'évaluation des assignats démonetisés; de sa mauvaise foi, lorsqu'il a assuré et promis le nivellement de l'assignat au numéraire ; du systéme ruineux qu'il a fait adopter pour les rentes viageres ; (N°. 16.) mais je

(9)

l'accuserai dans tous les tems, d'avoir fait perdre à la Nation non pas trente millions, mais plus de deux cent millions de numéraire, par la marche vraiment contre-révolutionnaire qu'il a suivie, pour faire manquer à la Nation les fonds que le commerce avoit fait passer dans l'étranger; fonds avec lesquels vos ennemis vous font la guerre; fonds qu'il étoit facile de faire rentrer à la Nation, et dont l'impéritie de Cambon seul l'a frustrée. (N°. 17.)

Mais laissons au tems à faire justice d'un aussi mauvais citoyen, et répondons à ses extravagantes accusations.

Vous aurez peine à croire que je n'ai reçu en tout, pendant l'espace de près d'un an que j'ai nourri les armées, la marine, les hôpitaux, la Corse et les Communes du midi, que cinq millions en numéraire; rien de plus vrai cependant, et rien de plus facile à vérifier. Jugez d'après ce seul trait de la foi que mérite l'homme qui a osé dire que j'avois dépensé douze millions par mois.

Avec ces cinq millions, avec mon crédit et avec mon industrie, j'ai procuré pour plus de quatorze millions de grain à la

Nation; si vous voulez vous faire remettre par la commission de commerce les états que je lui ai fourni, vous verrez que la majeure partie de ces grains a été consommée par les Communes depuis Cette jusqu'à Menton. (N°. 18.)

Si vous voulez ensuite consulter les départements, ils vous diront que sans ma prévoyance et sans ces secours, le Midi étoit en proie à la plus affreuse famine; et voilà comme je l'ai affamé.

Oui, j'ai requis les huiles et j'ai bien fait; et il étoit instant de le faire, car la contrebande les faisoit couler dans l'étranger. Il y avoit même des Communes qui favorisoient ce commerce ruineux, au lieu que déposées dans les magasins de la République, elle pouvoit les verser là où elles étoient nécessaires. (N°. 19.)

J'en ai fait passer une seule petite cargaison à Gênes pour essai, et il n'a pas réussi; j'en ai demandé la facture à mon successeur, pour en faire verser le montant dans la caisse de l'armée, mais il ne m'a pas répondu. J'apprends seulement que le plus plat de vos consuls, ose m'accuser d'avoir voulu m'approprier cette huile.

tandis que je n'ai cessé d'en [offrir le paiement et que je l'offre encore ; d'ailleurs,
je n'ai aucun compte à rendre à un monsieur de cette espece, et ma fortune est de
nature à répondre de trente cargaisons de
pareille valeur. (N°. 20.)

Il y a eu un tems, et ce tems a duré
assez long-tems, où je devois toujours de 5
à 6 millions de numéraire à l'étranger pour
des grains versés dans les magasins de la
République ; dans ce tems Paris ne répon-
doit à aucune de mes demandes de fonds ;
dans ce tems les Communes et la marine
du port de la Montagne avoient des besoins
de grains immenses, et dévoroient dans un
instant les magasins de l'armée ; dans ce
tems l'étranger commençait à ne pas vouloir augmenter sa créance à la charge de
la Nation, et j'étois dans les plus vives
inquiétudes sur l'avenir, comme les rapports que je faisois envoyer à votre Comité
le prouvent.

Je songeois alors aux soies dont le département des Alpes maritimes regorgeoit,
puisqu'il lui restoit presqu'en entier la récolte de l'année précédente ; les représentants du peuple approuverent l'idée ;

21.) mais toujours fidele aux principes, je consultai les autorités du département du Gard ; (N°. 22.) et sur les craintes qu'elles me témoignerent, je renonçai à ce projet, quoi qu'à mon grand regret ; car ces soies faisaient une ressource précieuse dans l'Etat de détresse où je me trouvais, et dans lequel on me laissait depuis si long-tems ; et je suis encore convaincu qu'il existe en France beaucoup plus de soies qu'il n'y a de bras pour les manufacturer. (N°. 23.)

Privé de cette ressource, ne recevant aucun fond en effectif de Paris, harcelé par les créanciers, n'ayant que pour trente jours de vivres, voyant l'étranger peut tenté de faire de nouveaux envois, me trouvant au moment de ne pouvoir plus nourrir le peuple, je pris le seul parti qui me restait ; je fis acheter cet argent que tout le monde me refusait, et sans lequel les armées, la marine et les communes périssaient. Où est l'homme qui osera blamer cette mesure, lorsquil voudra calculer les suites désastreuses qui seraient résultées du manque de pain pendant un seul jour ?

J'ai donc bien fait d'acheter le salut de ce qui m'était confié, et je ne puis être coupable, qu'autant que j'aurais détourné à mon profit un seul de ces écus destinés à l'emploi sacré de nourrir le peuple : or, il est bien facile de s'assurer de ma fidélité à cet égard.

Il me paraît superflu de répondre à l'atroce calomnie, d'avoir voulu affamer le Midi, lorsque je prouve que pendant près de six mois, c'est moi seul qui l'ai nourri. (N°. 25)

La plus absurde et la plus perfide de toutes les accusations, celle d'avoir fourni des fonds à Robespierre le jeune, et d'avoir exporté ceux qu'il me fournissait, mérite à peine une replique. (N°. 26.)

Où les aurait-il pris ? (N°. 27.) Où les aurais-je pris ? (N°. 28.) Cambon n'ignore pas, qu'il n'arrivait pas un écu, pas un assignat à Nice sans que son emploi fut justifié : il n'ignore pas que tous les mois les caisses des vivres envoyent à Paris les pieces probantes de leurs dépenses ; il n'ignore pas que dans une république où chaque citoyen est un surveillant, toute espece de malversation est denoncée presqu'aussi-tôt qu'elle est commise.

Les vivres ont-ils touché de l'argent sans en rendre compte ? Non. Robespierre a-t-il disposé de quelque somme dans une des caisses de la République sans en désigner l'emploi? Non.-- Calomniateur atroce, taisez-vous donc, et attendez en silence, à subir un jour la juste punition de l'infame abus que vous faites du caractere sacré de représentant du peuple français !

Si vous aimez la vérité, si vous desirez la justice, citoyens : assurez - vous de l'exacte vérité de toutes mes assertions ; rien ne vous est plus facile : et si je suis un homme probe, un agent fidele, rendez-moi justice ; hâtez-vous de faire rapporter un décret qui a été surpris d'une maniere indigne à la Convention. (N°. 29.)

Je n'ai jamais épousé aucun parti , je n'ai même jamais aimé Robespierre et le Comité de surveillance de Nice, auquel je fais passer copie de cette lettre , peut vous édifier sur ce point , comme sur sur tous les autres.

Le département des Alpes maritimes et celui du Var , sont encore des autorités que vous pouvez consulter sur la vérité de tout ce que je viens de vous dire , ainsi que sur ma gestion.

{ 15)

Ils m'ont vu travailler d'assez près pour pouvoir me juger,

Soyez encore assez justes pour ne pas placer dans la classe des émigrés , un étranger qui vous a bien servi et qui s'est retiré dans sa patrie , parce qu'il ne pouvait plus vous être utile.

Sachez quelque gré à son bonheur , si ce n'est à son industrie , d'avoir fait traverser pendant un an , sur une mer où vos ennemis dominaient , des approvisionnements immenses , sans qu'il aie perdu une obole à la République.

Il n'y a qu'une somme d'environ 200,000 l. qui a été avancée pour tirer environ un million de bled de Sicile , sur le sort de laquelle j'ai quelques inquiétudes ; mais je suis si fortement occupé de la sauver , que j'espere bien y parvenir. (N. 30.) Si vous croyez devoir me l'imputer , mes biens sont dans vos mains , vous pourrez me faire supporter une perte qui n'aura eu lieu que pour avoir voulu bien faire.

J'oubliois presque la misérable accusation d'avoir détruit le crédit national chez l'étranger : et en vérité , il ne faut pas s'en étonner , un homme qui , comme moi , à constamment joui et usé d'un crédit de plus de quatre millions au profit de la Nation , doit oublier aisément qu'un pareil délit puisse lui être imputé.

Où est celui de vos agents , qui vous ait procuré un pareil crédit ? En existe-t-il un seul , auquel vous ayez une aussi grande obligation ? Il est plus que dégoûtant de devoir répondre à une aussi absurde série de mensonges. (N°. 31.)

Votre collegue , Ricord , n'a pas besoin de mon appui , comme cependant tous les faits que vous venez de lire , répondent à l'espece de persécution qu'il éprouve , je crois devoir lui envoyer également copie de ma lettre.

Si on pouvait toujours être juste dans les terribles mouvements d'une grande révolution , si on était mieux informé à Paris , il aurait droit à la reconnoissance de sa patrie ; car il a bien achevé ce que Barras et Fréron avaient commencé avec tant de peine et de chaleur ; c'est-à-dire , sauvé le Midi de l'esprit exécrable qui y dominait , il y a un an.

Ricord a calomnié Canu , en l'appellant fripon ; Canu est unbrave citoyen et

un

un excellent agent, qui remplit ses de-
voirs comme il seroit à souhaiter que tout
le monde les remplit. (N°. 33.)

Puissiez-vous avoir un moment à donner
à mon affaire, et puisse ce moment me
valoir la justice que je réclame et qui m'est
due. (N°. 34.)

SALUT.

HALLER

Au Comité de Salut Public.

Chiasso, le 20 septembre 1794.

JE croyois avoir répondu le 8 à toutes
les accusations que l'ignorance ou la méchanceté avoient enfantés ; le Moniteur me
détrompe ; et me voilà encore une fois
obligé de me livrer à une justification, qui,
au milieu de vos importantes occupations,
aura peine à trouver un moment d'atten-
tion, et qui dans l'état délabré où se trouve
ma santé, m'est extrêmement pénible. Si je
ne me la devois aussi aux miens, à mon pays,
le plus souverain mépris seroit tout ce que

B

M. Vouland obtiendroit de moi ; et vous allez juger s'il mérite autre chose.

Le gazetier de Milan n'est pas plus fou lorsqu'il me fait enlever Mlle. Robespierre, qui sans doute, pleure ses freres au fond de la Flandre, (N°. 35.) que M. Vouland lorsqu'il me fait conjurer l'enlevement des Pyrénées ; où a-t-il pris une idée aussi extravagante ? ou que lui ai-je fait pour inventer un roman aussi infernal ?

Je ne me connois aucune relation directe ni indirecte avec qui que ce soit, qui ait quelque rapport à ces Pyrénées; mes liaisons n'ont jamais dépassées Nismes, et elles se bornoient à la correspondance, que je suivois en ma qualité de Directeur des charrois de l'armée, avec Perillier, chef du dépôt des charrois à Nismes ; et ce n'est assurément pas dans cette liaison que M. Vouland peut avoir trouvé des moyens pour étayer son atroce invention ; car j'ai destitué ce chef du premier instant que la la communication entre Nismes et Nice fut rétablie, parce qu'il me montroit par fois dans ses lettres, des opinions politiques qui n'étoient pas dans les principes. (N°. 36)

C'est un grand sacrifice que je fis à ces

principes, car Perillier servoit les charrois avec une activité et une intelligence bien rares, et je n'ai jamais eu le plus léger reproche à faire à sa probité ; cè n'est pas, ce me semble, encourager les mauvaises intentions, encore moins les partager.

Seroient-ce les députés des bouches du Rhône qui auroient fourni à M. Voulland matiere à son accusation ? J'ai des raisons de ne pas le croire, car leur dénonciation frappoit sur un fait, que je vais traiter plus bas ; que ce soit au reste, eux ou tout autre, qui aient avancé cette imposture, ils voudront bien trouver ici le défi le plus formel de pouvoir lui donner la plus légere vraisemblance, soit par aucune de mes lettres ou par une seule de mes actions ou de mes pensées. (N°. 37.)

Mes amis ont souvent voulu me faire partager leurs craintes sur le danger que faisoit courir la dénonciation d'une députation ; mais fort de ma conscience, et décidé à rester à mon poste jusqu'au moment où le salut de l'armée ne put être compromis, je méprisois leur terreur, et je ne partis que deux mois plus tard ; parce que ce ne fut qu'à cette époque que les magasins de l'armée furent si bien remplis, qu'ils ne purent suffire aux grains que j'avois fait affluer dans le port de Nice, et que la récolte des départemens voisins fut dans les greniers. (N°. 38.)

Je ne partis donc que le 7 thermidor, et je ne partis que parce que j'étois las d'un service payé d'ingratitude et abreuvé de calomnie, parce que ma santé étoit ruinée, parce qu'enfin telle étoit ma volonté, et que je ne connois en France à personne un pouvoir légitime sur la volonté d'un Suisse, lorsqu'il n'a aucun compte à rendre, lorsqu'il ne doit rien à personne, et sur - tout lorsqu'il n'emporte que sa probité. J'étois si pénétré de cette vérité, qu'après avoir pourvu toutes les parties des vivres, je partis en plein jour, sans demander permission à personne.

Les hommes d'aujourd'hui qui veulent toujours trouver des délits, là où il n'y a que les événemens ordinaires de la vie, sont bien démentis par les dates, lorsqu'ils attribuent mon départ au mauvais succès de la révolte de Robespierre l'aîné ; car elle n'a eu lieu à Paris, que plusieurs jours après mon départ de Nice, et elle m'est aussi étrangere qu'elle l'est peut-être peu à ce M. Dumont, qui me fait si gratuite-ment le trésorier de gens que j'estimois aussi peu que je l'estime lui-même.

Mais revenons à la dénonciation des députés des bouches du Rhône, ou plutôt des Marseillois, qui savent si bien varier dans leurs principes politiques, mais qui n'ont jamais varié dans leur desir de domi-ner. (N°. 39.).

J'avois accordé en frimaire et en nivose pour des achats modérés de grands prix, dans l'intention de faire affluer à Gênes et à Livourne une masse de grains assez forte, pour pouvoir satisfaire aux besoins immenses, que je prévoyois dans le Midi ; cette petite ruse eut un tel effet, que Gênes et Livonrne furent bientôt presqu'affaissées sous le poids des bleds qui arriverent de tous les côtés. J'en eus tant que je voulus, et je fus tellement le maître des prix, que je les fis baisser en peu de tems de 75 liv. à 5o liv. et que je les aurois portés à 45 liv. et même à 4o liv. En recevant seulement la dixieme partie de l'argent que Cambon me fait dépenser, j'eus pu payer comptant ; il ne se doute pas lorsqu'il se vante d'avoir tenu ces fonds, que son impéritie coûte près d'un million à la République; j'ai remarqué plus d'une fois que ce genre d'économie lui est très-familier. (N°. 40.)

Pour assurer les avantages de mon opération, il falloit bien que je prescrivis les prix que l'on pouvoit accorder aux Génois, à Marseille et au port de la Montagne, et je fis bien; car blessés par mon système, ils volerent à Marseille avec leurs cargaisons; mais lorsque mon collegue ne leur offrit en sus de mes prix que ce que le trajet pouvoit exiger, ils s'y refuserent et menacerent de s'en retourner avec leur bled.

Les autorités de Marseille qui ne calculoient que leur peur et non les intérêts de la Nation, qui trouvoient fort simple, qu'il en coûtât 70 à 80,000 liv. par jour à la République pour leur donner du pain, (N°. 41.) crierent à la trahison, et m'accuserent de vouloir affamer le peuple; ces cris durerent tout le tems que les Génois essayerent de nous faire la loi, et ce ne fut qu'au bout de dix à douze jours, qu'ils subirent celle que mon collegue leur fit. Pendant cet intervalle, la colere des meneurs de cette ville turbulente, me noircit à Paris, et égara la députation au point de me dénoncer comme ennemi du peuple ; moi qui sans mission, avec très-peu de moyens et par une heureuse prévoyance le sauvois depuis si long-tems de la famine.

Tous ces faits sont aisés à vérifier, et la justice veut, citoyens, que vous en donniez l'ordre ; ce n'est qu'alors que vous pourrez apprécier la dénonciation de Marseille, vous apprendrez peut-être alors que cette ville m'en vouloit, parce qu'elle me voyoit occupé à donner au port de Nice plus d'importance, et à son commerce plus d'activité ; et que habituée à dominer le commerce du Levant et de l'Italie, son orgueil fut révolté à l'idée d'une rivale, et la conduite absurde de l'agence qui oblige les marchands étrangers d'aller chercher à Marseille le paiement de ce qu'ils livrent à Nice, ne peut être expliquée que par l'intention de dominer ou de nihiliser le commerce de Nice.

(N°. 42.)

Parlerai-je de ces apostrophes d'aristocratie dont on se plaît à me gratifier, elles ne peuvent qu'exciter ma pitié.

B 4

Si bien administrer la partie qui nous est confiée, si sacrifier à son plus grand succès ses amis, son crédit, ses veilles, sa santé et sa fortune ; si ramener l'abondance, là où il n'y avoit que détresse ; si sauver le peuple et une armée de la famine ; si nourrir six cents mille ames pendant beaucoup de mois ; si une vie pure et une gestion probe qui ne craignent pas le plus léger reproche fondé, constatent l'aristocracie, j'en suis assurément bien coupable. (Nº. 43.)

Puissiez-vous, comme moi, sans crainte provoquer le témoignage de vos concitoyens ; puissiez-vous leur présenter une vie aussi honorable ! Vous Dumont ! vous Cambon ! vous Vouland ! que je déclare à la face de toute la France, imposteurs et calomniateurs, aussi long - tems que vous n'aurez pas produit les preuves de vos infâmes accusations, aussi long - tems que vous n'aurez pas détruit la vérité des faits avec lesquels j'ai combattu si victorieusement vos impostures. (Nº. 44.)

Je ne crains pas que vous scrutiez toute ma vie, dans les archives de l'ancien régime ; vous y verrez que Haller n'a jamais

demandé ni accepté la plus légere faveur,
que sous aucun rapport il a partagé ou pro-
fité des vices de l'ancien Gouvernement,
et que peut-être sans les 3 à 400 millions
qu'il a versé dans le trésor public pendant
la derniere guerre sans aucun genre de
salaire ni récompense, cette Amérique qui
nourrit aujourd'hui une partie de la France, ne seroit pas libre. (N°. 45.)

Que faisiez-vous alors, insignes calomniateurs ? Vous rampiez probablement dans
l'anti-chambre de quelque coquin de sub-
délégué, ou vous voliez peut-être à l'Etat
les droits de quelques balles de mousselines. (N°. 46.)

Ah ! citoyens, vous n'avez pas tout fait
en punissant Robespierre, il faut aussi
punir le mensonge et la calomnie. (N°. 47.)

Il faut sur-tout éloigner des mains aussi
impures que celles des hommes que je
viens de vous faire connoître, du noble travail de l'édifice de la République Française ;
il reste dans le sein de la Convention assez
d'hommes purs et vrais, pour vous permettre cet acte de justice. Salut,

NOTES.

N°. 1. JE venois de quitter la direction des transports militaires de l'armée, dont je m'étois chargé pour obliger un ami; je partois pour Paris pour en rendre les comptes, et mon projet étoit de me rendre de là dans mon pays, pour enfin jouir d'un instant de repos, lorsque je reçois l'ordre des quatre représentans du peuple, de me charger de la gestion des subsistances militaires de l'armée; je fis tout ce qui étoit en mon pouvoir, pour me soustraire à cet ordre; qu'on les interroge!

N°. 2. Ni la commission de commerce, ni l'agence de Marseille créés depuis, n'ont jamais pu me fournir un boisseau de bled', tant étoient grandes leur insouciance ou leur impuissance : si je n'avois pas prévu et paré à la disette, une partie du Midi périssoit de faim; qu'on l'interroge. Barrere appelle cela conspirer!

N°. 3. Cambon ignore donc que dans l'administration des vivres, aucun paiement ne peut se faire sans une piece probante;

qu'il faut le récepisse d'un comptable, ou la reconnoissance du garde-magasin, qui déclare avoir reçu la denrée. Etonnant surveillant des deniers de la République, dites-moi où j'aurois pu prendre ceux que vous me faites dilapider, et quel est le genre de comptes que vous pouvez prétendre de moi ?

N°. 4. C'est avec beaucoup de peine, que je me décide à publier mes réponses; mais le caractere de mes dénonciateurs, la créance que peuvent obtenir leur calomnie, et la publicité de ces calomnies m'en font une loi.

N°. 5. Lorsque je fus chargé des vivres, il n'en existoit pas pour six jours dans les magasins ; il n'y en avoit point en route, aucun numéraire en caisse ; et sans numéraire, l'étranger n'en fournissoit pas. Il a fallu du bonheur, et un peu plus que de l'activité, pour tirer l'armée de ce mauvais pas : pourquoi oublier si aisément un service si important ?

N°. 6. Il y eut un moment, et ce moment fut assez long, où il n'y avoit pas dix mille livres en caisse, où toutes les communications entre l'armée et Paris étoient coupées;

je trouvai alors sur mon crédit 500000 L, environ, que je versai dans la caisse de l'armée. Où est l'agent qui eût rendu un pareil service ? Cambon appelle cela agioter.

N°. 7. Ce Héron avoit été envoyé par le ministre à la Havanne, pour y chercher un million de piastres que l'Espagne devoit à la France ; il revint à vuide, parce que le million de piastres ne s'y trouva pas. Il demanda de 4 à 500000 L, pour sa dépense ; je fus chargé d'arbitrer ce compte extra-vagant ; je fus plus que juste, en lui allouant à peu-près 90000 L. ; ce misérable ne me l'a jamais pardonné ; et comme tant d'autres, il s'est servi du masque du patriotisme pour assouvir sa vengeance. Quels hommes les Comités ont employés ! Un Héron investi d'une partie du pouvoir du Comité de sûreté générale fait frémir. Ah ! M. Vou-land !

N°. 8. Cette Commission me déléguoit des bleds à prendre dans des Départe-mens, qui bien loin d'en avoir, ne sub-sistoient que de ceux que je leur donnois ; elle me renvoyoit les besoins du midi et me refusoit constamment des fonds ; elle vouloit qu'avant d'acheter des bleds à Nice, j'envoyasse des échantillons et le prix à Paris; elle n'avoit aucune connoissance de l'état de ce Midi, qu'elle étoit chargée de nourrir, et me donnoit les ordres les plus absolus pour des mesures qui l'auroient perdu, si j'avois eu la foiblesse de les suivre.

N°. 9. On avoit annoncé de Paris un agent général pour les deux armées des Alpes et d'Italie; ce bruit n'étoit qu'un piege qui m'étoit tendu pour me faire attendre le mandat d'arrestation; j'étois bien loin de m'en douter, lorsque je partis, tant étoit grande ma confiance dans la justice du Comité de salut public.

N°. 10. La Convention a été dans un tems, entraînée par des malveillans ou par des imbécilles, à proscrire la banque et le commerce; on a saisi ce moment et celui où mon service à l'armée ne me permettoit pas de donner un instant à mes affaires, pour faire annuller par le tribunal de cassation, la révision d'une question de banque : les juges ont sans doute cru devoir respecter les erreurs de la Convention, lorsqu'ils ont rendu un arrêt aussi injuste. Il me condamne à payer à l'Etat plus de trois cent mille livres, qu'il n'a jamais débourse sés, que je n'ai jamais reçu, et qu'au contraire j'ai paié pour lui.

N°. 11. Ce même tribunal de cassation a consacré ma créance d'une somme bien plus forte à la charge de la Nation; tous les tribunaux me l'ont allouée, et cependant le paiement m'en est refusé! tandis qu'on vend ma retraite et même mes chemises pour l'acquit de ces 300000 L. Il né sauroit être dans l'équité de la Convention, d'avoir deux poids et deux mesures; et sans doute un jour mieux instruite, elle ordonnera mon remboursement.

N°. 12. Cette créance a fourni à l'honnête Cambon un nouveau genre de calomnie; il m'a fait l'associé et l'ami de l'abbé d'Espagnac; deux mensonges atroces : je n'ai été que son Commissaire, par un arrêt du Conseil-d'Etat. Il vouloit par cette imposture, influencer l'opinion sur mon compte, parce que d'Espagnac a péri sur l'échafaud. Malheureux! falloit-il rappeller à la Convention combien d'infortunés y avoient été envoyés par les exécrables satellites de Robespierre.

N°. 13. Il est clair et positif, cet arrêté; en voici le texte : » Les loix relatives à l'émi-

» gration ne s'appliquent pas aux Suisses,
» qui en vertu des traités, conservent en
« tout tems la faculté de retourner, dans
« leur pays.

« Les corps administratifs ne peuvent
« refuser aux Suisses qui retournent dans
« leur pays les passeports nécessaires.

« Les propriétés des Suisses absens du
« territoire de la République, et qui n'au-
« ront pris aucune part aux projets des
« contre-révolutionnaires , sont sous la pro-
« tection de la Nation et confiées spéciale-
« ment à la garde des corps administra-
« tifs des Départemens.

Nº. 14. La Convention est encore dans
l'enfance, quant à la partie administrative ; l'échafaud et le barbare systéme des
arrestations et de la terreur l'ont privée de
trop de lumieres dans cette partie. Deman-
dez aux Comités combien ils sont embar-
rassés, lorsqu'ils ont besoin d'hommes ins-
truits ? Examinez les hommes en place ;
voyez le sort de ceux que leurs moyens
ont mis à même de se distinguer. Calculez
les maux et les pertes qu'ont entraînés les
décrets rendus sur des rapports faits par
des ignorans ou des intriguans , d'un

Julien, d'un Dornier, d'un de Launay d'Angers, d'un Cambon et de tant d'autres. Les Romains savoient vaincre comme les Français ; mais ils savoient être justes ; ils savoient sur-tout être reconnoissans.

N°. 15. Je ne comprendrai jamais pourquoi on a mis un si grand acharnement à m'arrêter, pas une seule des accusations ayant été appuyée de la plus légere preuve ; pourquoi, à mon défaut on arrête un commissaire de la marine, qui ne pouvoit ni ne devoit empêcher mon départ, auquel je n'en avois même pas demandé la permission ; pourquoi on a arrêté la Bouline, qui n'a opéré que par mon ordre, et pour le compte des vivres, qui a été fort utile pour les paiemens comme pour les crédits par ses ressources; pourquoi on arrête Troupenal, qui n'étoit qu'un commis très-zélé et très-actif ; pourquoi on arrête un Calvi, celui des Génois qui a servi le plus fidelement, a fait les plus fortes avancés et fourni le plus de bled ; il faut bien de l'ignorance, ou de ces motifs de vengeance, qui ont si souvent embrunis la révolution , pour se porter à tant d'injustices ; on les regrettera

tera lors qu'on aura besoin d'aussi bons et d'aussi fideles instrumens.

Deux especes de crapauds de la révolution, l'un Florentin, auquel on a confié la partie civile de la vallée d'Oneille, et qui n'a su s'illustrer que par le massacre de deux prêtres; l'autre, éclos dans les marais de Palerme, pédant et sot de son naturel, misérable teinturier de monsieur le consul de France à Gênes, ont osé de leur autorité privée, demander mon arrestation au sénat de Gênes; et ce qui est plus étonnant encore, celui-ci ne la leur a pas refusée.

N°. 16. On peut se rappeller que Cambon avoit annoncé qu'il y avoit près de 800 millions d'assignats démonetisés, que l'argent alloit être au pair des assignats, que le prix des fonds nationaux ne présentoit plus de perte, que ses ressources étoient intarissables.

On a vu qu'il n'y a eu qu'environ 200 millions d'assignats démonetisés; que l'assignat n'a pas cessé un instant d'être à une grande distance du pair avec l'argent, qu'il a fait adopter la misérable mesure de défendre la négociation des fonds natio naux, afin de céler sa turpitude et leur discrédit ; et qu'enfin il n'a jamais su proposer un plan sûr et stable pour réaliser les ressources réelles et immenses de la Nation et lui assurer un crédit auquel elle a tant de droit, et sans lequel tout souffre ; ce grand livre dont il fait tant de parade, dont il nous fatigue tant, ne sera jamais, aux yeux des gens un peu éclairés, une invention ; elle est prise des Anglois, et le plus petit commis la connoissoit.

Pourquoi M. Cambon en imposer si grossierement à un peuple qui a plus de moyens en main que tous ses ennemis réunis en ont, et qui ne connoîtroit aucun genre de besoin, si des hommes plus éclairés, plus prévoyans, et moins suffisans que vous avoient été chargés d'y pourvoir? Je vous fais grace des erreurs de votre opération sur les rentes viageres ; on dit que ce n'est pas votre ouvrage, que c'est celui d'un M. Duvillars ; d'ailleurs cet article seroit trop long pour trouver place dans ces notes. Je suis souvent étonné, que vous ne soyez pas plus éclairé, depuis que vous vous êtes fait le dictateur des finances ; car enfin, à force de forger on devient forgeron ; il

faut que votre extrême suffisance y mette
un obstacle invincible ; en attendant, soyez
un peu plus vrai dans la suite ; car un
grand peuple ne veut pas être nourri ni
rassuré par des mensonges.

N°. 17. Malheur à Cambon, le jour où
la Nation lui demandera compte des mesures qu'il a dictées pour faire rentrer en
France les sommes énormes que la terreur, la cupidité, et peut-être même la
malveillance du commerce ont fait émi-
grer.

La nation les a toutes perdues ces sommes, graces à son impéritie, pour ne rien
dire de plus, elles excédent deux cents
millions, elles sont prêtées aux Anglois
pour subvenir aux frais de la guerre, leur
privation coûte des sommes énormes à la
République par la hausse des changes, et
cependant il étoit bien facile de les ramener dans leur patrie.

Ce n'est pas en criant sans cesse à l'agio-
tage et à l'accapparement ; ce n'est pas en
désignant au peuple le commerçant comme
son fléau ; ce n'est pas en disant aux ennemis, nous avons chez vous de grandes
sommes, nous vous prévenons que nous

allons les retirer ; ce n'est pas. . . . . mais pourquoi anticiper les événemens, souvenez - vous M. Cambon que, vous verrez aussi à votre tour le jour terrible , où il vous sera demandé compte de vos actions et des erreurs fatales dans lesquelles vous avez entraîné la Convention , et ce jour sera assurément le dernier des vôtres , sans qu'il soit besoin d'un Fouquier ou d'un Dumas pour vous juger.

N°. 18. Ce qui nuit le plus à la France, c'est le peu d'ensemble qu'il y a dans la partie administrative , c'est un mal inévitable dans les mouvemens qu'entraîne une révolution ; si la Commission de Commerce avoit eu le tems de lire mes lettres, et de réfléchir sur mes Mémoires ; si elle les avoit communiqué , peut - être auroit - on rendu plus de justice à mes travaux, on auroit peut - être été étonné qu'avec si peu de fonds j'aie pu faire autant , on auroit mieux connu la situation du midi quant aux subsistances ; et M. Cambon n'auroit pas crié comme un énergumene , lorsque j'ai dit qu'il faudroit douze millions par mois pour faire face à tous les besoins.

L'armée d'Italie consumoit dans les derniers tems par jour. . .   8oooo rations

L'armée des Alpes en
avoit besoin d'autant . . 8oooo

La Corse, la marine, les
hôpitaux, ect. 4oooo

Les départemens des Al-
pes maritines du Var et des
bouches du Rhône. . . 700000

____

par jour rations. . . 900000
qui exigent 3oo,ooo quintaux de farine, et
ceux - ci à raison de 3o liv. numéraires par
quintal, neuf millions par mois : ajoutez à
ce besoin ceux des départemens du Gard,
de Vaucluse et de l'Herault, et il n'y a pas
de doute que pendant cinq à six mois il
faudra douze millions de numéraire par
mois, si on veut que le peuple du midi ait
du pain; au reste, j'attends M. Cambon au
mois de mars et d'avril; il nous dira peut-
être alors ce que les agences du midi au-
ront dépensé, et il verra si mon calcul est
si erroné.

N. 19. Il falloit aussi dire que la Marine
du port de la Montagne, avoit requis depuis long-tems les huiles, qu'elle ne les
retiroit pas, que les propriétaires s'en plai-

gnoient à moi, et que j'ai cru faire à la fois
un acte de justice et de prudence , en les
faisant acheter et retirer pour la nation ; on
veut toujours prononcer à Paris , sans se
donner le tems d'avoir des notions sûres.
Ces huiles passoient dans l'étranger de
tous les points de la Côte ; quelques parties
ont été saisies à Nice , mais une sotte économie dans le nombre des employés de la
douane , facilitoit extrêmement une contrebande aussi nuisible ; en peu de tems la
France se seroit trouvée sans huile , si je
n'avois pris le parti , qui a tant excité la
colere des ignorans ou des spéculateurs ,
qui aiment à prospérer aux dépens de la
nation.

N°. 20. Il y auroit plus que de la mauvaise
foi , à vouloir épouser l'idée de M. Lacheze ,
mes lettres et mes offres à St. Mesme
mon successeur la démentent trop victorieusement; aussi veux-je bien en attribuer
toute la coulpe à son vice-chancelier; ce cra-
paud de Palerme , qui cependant n'ignore
pas qu'au besoin , deux millions que me
doit la nation , auroient bien pu paier cin-
quante mille livres que peut valoir cette
cargaison.

Nº. 21. J'aurois pu répondre à toutes les accusations, en produisant simplement les arrêtés des représentans du peuple , qui ont autorisés toutes mes opérations ; car , enfin leurs pouvoirs sont si étendus , qu'ils prononcent sur la vie et la mort des hommes , et que leurs arrêtés ont force de loi ; mais je me mépriserois , si j'avois besoin d'un pareil égide pour aucune de mes actions.

Nº. 22. Ne diroit-on pas à entendre tous ces calomniateurs , que le département du Gard a dénoncé un accáparement de soies de ma part, et que ce sont les ordres de Paris qui l'ont arrêté , tandis que ce département n'a connu mon projet que par les conseils que je lui ai demandé , et que son opinion m'a décidé d'y renoncer , je n'en ai pas requis ni acheté une livre ; quelle est donc cette étrange foiblesse de vouloir toujours faire les officieux et les zélés aux dépens des autres.

Nº. 23. La consommation des soieries est presque nulle en France. Le Gard est le seul point où on en fabrique actuellement ; l'exportation de son industrie est soumise à trop d'entraves , et les brulots des sociétés populaires ne sont - ils pas toujours en vedette pour écraser le citoyen, qui voudroit rendre à sa patrie une partie de la prospérité que l'industrie savoit si bien créer en France.

N°. 24. C'est le comble de l'iniquité, que de me reprocher les achats d'argent. On savoit à Paris que je nourrissoit le peuple, et tout ce qui portoit les armes; on devoit savoir que ce ne pouvoit être qu'à force d'argent, puisqu'il n'y avoit plus un grain de bled en France, et que l'étranger ne peut être paié en assignats; cependant on ne m'envoyoit pas un sol, car ces cinq millions, je ne les ai eu que par surprise en différentes fois; comment vouloit-il donc cet habile Cambon que je fis? La plume tombe des mains, lorsqu'elle doit répondre à des reproches de cette nature; d'ailleurs ne valoit-il pas mieux laisser à Paris toutes les ressources en numéraire pour l'importante guerre du Nord, et ménager la caisse de la nation, en payant l'argent qu'elle ne vouloit pas prendre, que la terreur avoit enfoui, et qu'en réveillant la cupidité, je faisois sortir de dessous terre. O ! Cambon que d'ignorance, ou que de mauvaise foi vous est tombée en partage!

No. 25. Ce reproche pourroit être fait à la Commission de Commerce, et à mon ami Cambon, car ils ont tout fait pour que la partie du Midi fut sans pain, c'est une vérité, que ma correspondance et les faits démontrent d'une maniere évidente.

No. 26 Moi! complice d'un traître, et d'un Robespierre, dont le caractère dur, même emporté, le vacillement perpétuel des idées et des opinions, le peu de connoissances des choses et des hommes, m'avoient toujours tenu fort éloigné! La calomnie ne pouvoit être plus mal adroite; je ne le voyois que lorsque les affaires m'y obligeoient, et je n'ai jamais vu ni connu son frere Maximilien.

No. 27. Il est impossible à un représentant de disposer dans aucune caisse, sans motiver l'emploi de la somme dans son arrêté, et ces arrêtés sont envoyés de suite à la trésorerie nationale à Paris; pourquoi accuser un homme d'un délit qu'on avoit la certitude qui n'existoit pas? Celui d'être le complice de son frere ne suffisoit - il pas?

Ce n'est d'ailleurs ni dans la caisse des

districts, ni dans celle del 'armée que Robespierre auroit pu puiser , car il n'y a jamais
existé le numéraire nécessaire au pain du
soldat , et c'est un reproche grave à faire
à Cambon ; quand à vous , M. Dumont,
renoncez à la calomnie , vous êtes encore
trop mal adroit pour cet infâme métier,
et votre digne ami Lafont , cet éleve de
Chabot , ce protégé et adorateur d'Hébert ,
un méchant trop bête pour vous l'appren-
dre.

N°. 28. Oui! où les aurois - je pris,
dites - le moi , misérables calomniateurs ! le
caissier des vivres ne pouvoit délivrer aucune somme sur ma simple signature ; on
cherche à accréditer le bruit, que je re-
viens dans ma patrie enrichi des dépouilles
de la nation ; c'est une imposture atroce ;
je n'ai rien à elle , je ne lui dois que cette
partie d'huile que je languis de paier , et
elle a toute ma fortune ! J'en appelle à
toute la France , que celui qui peut prouver
que j'aie une obole à la nation , se lève et me
démente , s'il l'ose !

N°. 29. Comment des hommes justes
et éclairés , peuvent - ils se jouer ainsi sur
la simple assertion erronnée ou méchante

d'un homme, de la liberté d'un citoyen! et n'est-ce pas une peine cruelle que cinq à six mois de fers? Faut-il la prononcer si légérement?

N°. 30. La Sicile est le grenier du Midi, la cour de Naples a défendu, sous des peines très-fortes, l'exportation des bleds de cette Isle; je ne pouvois employer que des hommes hardis, et qui n'avoient pas beaucoup à perdre, pour puiser au milieu de tant de dangers dans ce grenier; il falloit leur confier quelques avances, et en courir les risques s'ils étoient pris; c'est le seul risque de ce genre que j'ai fait courir à la nation, quoi qu'un arrêté des représentans du peuple m'autorisoit *à tout faire et à tout rifquer*, pour assurer les subsistances de l'armée.

N°. 31. Ceux qui voudront se donner la peine de se rappeller tous les faits allégués contre moi, et lire mes réponses, jugeront par leur propre ennui de celui que j'ai éprouvé, en étant forcé de me livrer à un pareil travail dans l'état de foiblesse et de maladie où je me trouve ici; plus d'une fois j'en ai eu des nausées, et je suis encore à comprendre comment j'ai pu les sur-monter.

N°. 32. La Convention rendra sûrement justice à Ricord, lorsqu'elle saura tout ce qu'il a fait ; ce sera une nouvelle occasion pour elle de pouvoir apprécier Cambon ; car je suis forcé de le répéter sans cesse, le caractère emporté, et haineux, et sur-tout l'impéritie de cet homme, le rendent indigne de sa confiance, et le plutôt qu'elle ouvrira les yeux sur son compte, sera le mieux pour les intérêts de la nation.

N°. 33. La maladie du terroir a gagné Ricord lorsqu'il a injurié Canu, qu'il connoissoit à peine ; j'aurois à m'en plaindre aussi, mais je lui pardonne de bon cœur.

N°. 34. Il est un peu dur d'être condamné sans être entendu, et il devroit être doux à des hommes équitables d'être appellés à réparer ce genre de tort, sur - tout lorsque cet acte d'humanité n'exige pas beaucoup de leurs momens.

N°. 35. Je voyageois avec une famille de Lyon, qui lors de mon départ de Nice m'avoit témoigné le desir de voir Gênes, et qui au lieu de retourner en France, a préféré aller rejoindre son pere en Suisse ; de quel droit me serois-je opposé à un vœu si respectable ?

N°. 36. M. Vouland en a les preuves authentiques depuis peu de tems, mais les hommes de cette trempe ne veulent pas de l'innocence, et comment les protecteurs de l'exécrable Dumas, et de l'infâme Fouquier pourroient-ils l'aimer? On sait que leur horrible Tribunal étoit sous la surveillance du Comité de sûreté générale, et que Vouland étoit un des chefs de ce Comité.

N°. 37. Pourquoi aurois-je conspiré dans les Pyrénées? Si la trahison pouvoit entrer dans mon ame, j'aurois pu cent fois perdre l'armée d'Italie, en négligeant la partie des vivres, et cela m'étoit bien facile, car la confiance en ma probité étoit si grande à Nice, et je la méritois si bien, que l'on ne s'est jamais avisé d'examiner les magasins.

N°. 38. Quels principes! et quelle récompense!

N°. 39. Il me semble qu'ils s'empressent à donner à la nation une nouvelle représentation de cette vérité ; on regrettera souvent d'avoir cru Granet, et d'avoir annullé les mesures sages de Barras, Fréron, Ricord et Salicetti, qui valent, je crois, bien un Bayle ou un Granat

Nº. 40. Son opération sur les rentes viageres est de ce genre ; si j'en ai une fois le tems, je me donnerai le plaisir de la lui prouver.

Nº. 41. Marseille consumoit 1000 quintaux de bled par jour, ils coûtoient à la nation environ. . . . . . . L. 90000

Et elle les lui payoit à raison de
14 liv. le quintal. . . . . . L. 14000

Perte pour la nation par jour. L. 76000

Nº. 42. L'institution de ces agences peut être bonne, et même nécessaire après le massacré du commerce, mais les hommes pour les conduire manquent ; d'ailleurs comment se flatter que sept à huit agences composées de huit à dix membres pris au hasard, puissent remplacer trois mille maisons de commerce peut-être, que l'on a écrasé ou massacré ; ces agences n'ont aucune latitude, sont obligées de prendre pour la plus légere opération, les ordres de la Commission de Commerce à Paris, qui n'a pas le tems de lire les lettres, ou qui fait répondre par un commis, le contraire de ce qu'elle a écrit le courier précédent ; cette organisation fait pitié, et les erremens de la Commission tendent tous à empêcher la résurrection du commerce, qui au reste exige des têtes un peu plus fortes, et plus mûres que celles que l'on emploie.

N°. 43. Il est odieux d'être appellé à parler ainsi de soi, mais il faut bien soutenir la vérité, lorsqu'elle est violée aussi brutalement ; que l'on interroge tout ce qui peut mériter croyance à Nice, si je dis un mot de trop.

N°. 44. Peut-être M. Cambon, lorsqu'il verra son édifice ainsi pulvérisé, en bâtira-t-il un autre, peut-être voudroit-il parler des marchés. — Je suis bien aise de le prévenir, que je les ai tous fait publiquement, que tout le monde connoissoit le soir, les prix que j'avois accordé le matin, et que j'ai porté la délicatesse au point de refuser les plus légers cadeaux ! Puisse-t-il en dire autant le cher homme. Souvenez-vous cependant de M. Piron !

N°. 45. Je sollicite cet examen moins pour moi que pour mon pauvre ci-devant associé Girardot, qui est dans les fers depuis un an, sans savoir encore pourquoi, et qui assurément n'est coupable de rien au monde ; hâtez-vous donc d'être humains, puisque vous voilà débarrassés des antropophages qui étoient dans votre sein.

N°. 46. On m'assure que Cambon a fait

le commerce des toiles de cotton et de
mousselines, on sait combien ce genre de
commerce étoit susceptible de fraude. Ah !
M. Cambon un peu de mémoire je vous
prie.

A Rome, car il faut ne pas trop oublier
les Anciens, la loi Memmia condamnoit
un dénonciateur qui ne pouvoit justifier sa
calomnie, à être marqué au front d'un K.
Que de K en France ! si cette loi, la sauve-
garde des honnêtes et paisibles Citoyens
y étoit en vigueur.

Chiasso, le 3 septembre 1794.

(Signé)

HALLER.

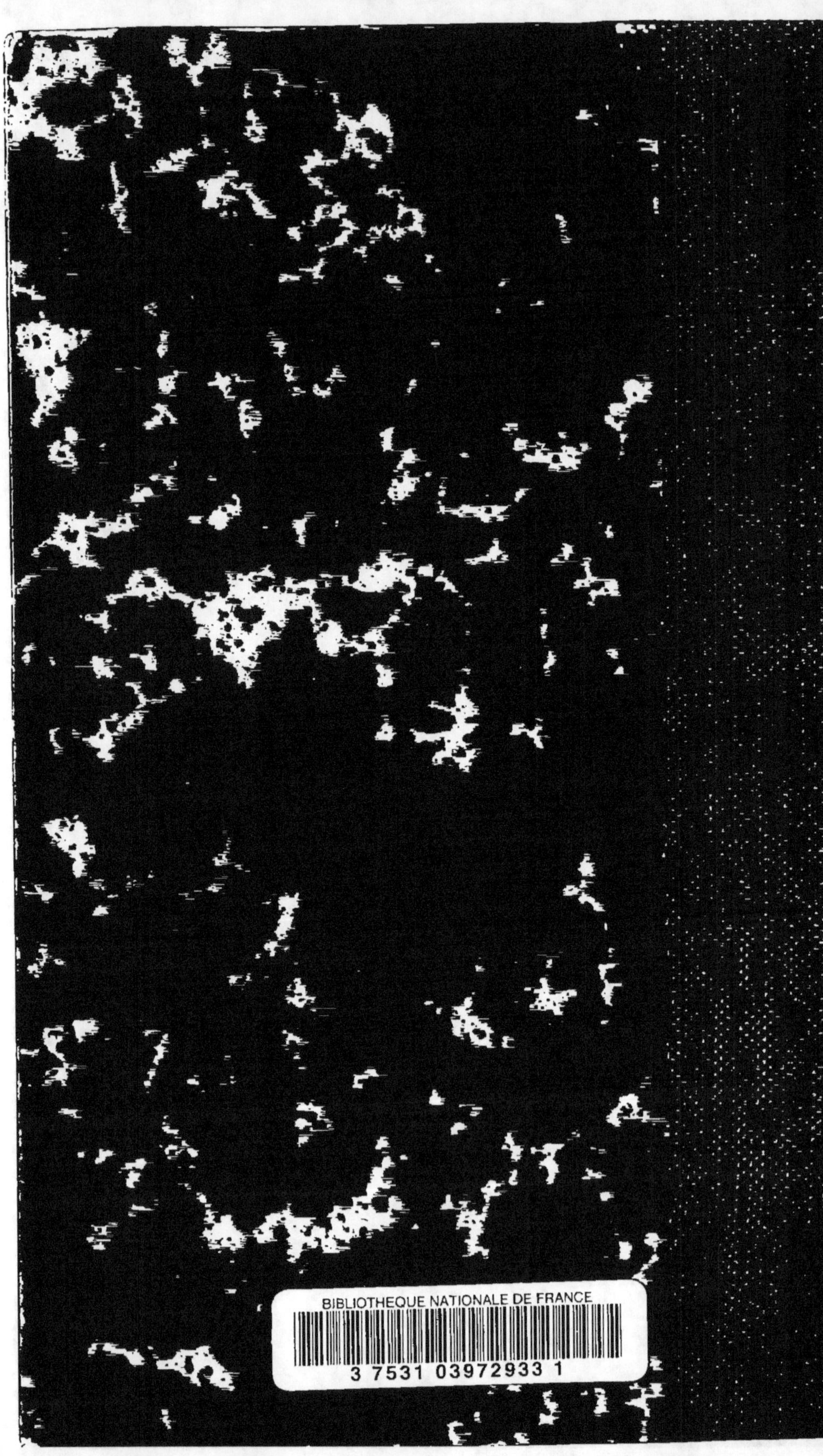